# Cricut Mini:

**Cricut für Anfänger, Design Space,Cricut Air 2,Zubehör und Materialien.Ein vollständiger technischer Leitfaden zur Beherrschung Ihrer Maschine.**

**Technische Beispiele.**

# Inhaltsverzeichnis

# Einführung

Willkomen zum Cricut Master Leitfaden. Dieser Leitfaden wird Ihnen alles erklären, was Sie wissen müssen, um mit der Erstellung Ihrer besten Cut-up-Arbeiten beginnen zu können.

Von der Wahl der Maschine bis zur Wahl der Materialien; von der Klinge bis zur Wahl der Matten. Der erste Teil dieses Leitfadens behandelt die Grundlagen der Cricut Konstruktion.

Wie Sie die offizielle Software von Cricut verwenden, um perfekte Geschenke für Ihre Freunde oder Familie zu erstellen, Ohrringe, Halsketten und Dekorationen zu Hause zu kreieren. Darüber hinaus können Sie personalisierte T-Shirts, personalisierte Tassen und sogar Hundemarken erstellen.

Die erste Frage lautet: Was ist eine Cricut-Maschine? Ein Cricut ist eine Schneidemaschine, die verschiedene Materialien wie Papier, Vinyl und Karton für Ihre Bastelprojekte schneiden kann. Einige Cricut Maschinen können sogar dünnes Holz, Leder, Stoff und mehr schneiden.

Wie das funktioniert? Sie können einen Cricut drahtlos mit Ihrem Computer verbinden, Entwürfe auf Ihrem Computer erstellen oder herunterladen und sie dann zum Schneiden an Ihren Cricut schicken. Cricut verfügt über eine Software namens Design Space (erhältlich für Windows, Mac & Smartphone), mit der Sie Designs erstellen und importieren können, um sie mit Ihrer Maschine zu schneiden. Im Inneren des Cricut befindet sich eine winzige Klinge (oder ein Rotationsschneider, ein Stift oder ein Ritzwerkzeug). Sobald Sie ein Design im Design Space zum Schneiden bereit haben, können Sie Ihr gewünschtes Material auf einer 12 Zoll breiten Schneidematte befestigen, Ihr Design von Ihrem Computer drahtlos an Ihren Cricut senden und dann Ihr Material in Ihr Gerät laden. Mit einem Knopfdruck beginnt Ihr Projekt mit dem Schneiden.

# MASCHINE

## Cricut-Joy

**W**ie Cricut Maschinen in Originalgröße schneidet und schreibt Cricut Joy genauso für Sie. Es kann mehr als 50 Materialien schneiden, darunter Materialien, die Sie wahrscheinlich schon zu Hause haben (Kopierpapier, Baupapier usw.), beliebte Bastelmaterialien (Bügeleisen, Vinyl, aufschmelzbare Tinte usw.) und neue intelligente Materialien, für superleichte, superlange Schnitte ohne Schneidematte. Es ist die perfekte Ergänzung zu jedem Cricut Gerät und eine großartige Möglichkeit, sich im Heimwerken zu versuchen.

### Für Platzsparer und Menschen, die unterwegs sind

Wenn Sie in einer Wohnung oder einem winzigen Haus wohnen oder einfach nur die Einfachheit des Kleinen lieben, passt Cricut Joy genau zu Ihnen. Buchstäblich. Er passt in eine Abstellkammer, sieht auf einem Tresen toll aus, lässt sich leicht einpacken und ist sofort einsatzbereit.

### Für Personen mit überlangem Projekt

Cricut Joy mag klein genug sein, um in der Handfläche einer Hand gehalten zu werden, aber mit Smart Materials kann er durchgehende Formen von bis zu 4 Zoll Breite und 4 Fuß Länge schneiden oder wiederholte Schnitte von bis zu 20 Fuß Länge ausführen.

## Für Last-Minute-Macher

Wir haben erwähnt, dass Cricut Joy sofort einsatzbereit ist, was besonders hilfreich ist, wenn Sie beschäftigt sind. Es funktioniert auch mit neuen vorgeritzten Einlegekarten, so dass Sie eine benutzerdefinierte Karte direkt vor einer Veranstaltung, einem Geburtstagsfest oder einer Babyparty herausnehmen können, ohne ins Schwitzen zu kommen.

Im Design Space finden Sie auch viele neue Projekte, die speziell für Cricut Joy angefertigt wurden und nur etwa 15 Minuten dauern. Wenn Sie knapp in der Zeit liegen, sind diese kleinen Schönheiten genau das Richtige für Sie.

## Für vermeidende und nicht so vermeidende Organisatoren

Einige unserer bevorzugten intelligenten Materialien für Cricut Joy sind Smart Label™ Papier und Smart Label Vinyl. Sie machen das Organisieren schnell, einfach und unterhaltsam. Cricut Joy schreibt direkt auf Smart Label in jeder beliebigen Schriftart, schneidet es in jede beliebige Form, die Sie wünschen, und Sie müssen es nur noch abziehen und aufkleben.

# Cricut Explorer Air 2

Die meistverkauften Cricut Explore Air 2 Schneidemaschinen bieten die Flexibilität, eine breite Palette von Bastelmaterialien zu schneiden, und die Präzision, genau das zu liefern, was Sie brauchen. Die Cricut Explore Air 2 Schneidemaschinen machen das Heimwerken einfach, unterhaltsam und - wie wir zu sagen wagen - erstaunlich.

## Für Liebhaber beliebter Materialien

Cricut Explore Air 2 ist aus gutem Grund unser meistverkauftes Gerät! Sie schneidet mehr als 100 Materialien, darunter Vinyl, Aufbügelmaterial, Karton und beschichtetes Gewebe.

## Für Projekte in voller Breite

Der "größte" Unterschied zwischen Cricut Joy und Full-Size-Maschinen ist ... die Größe. Greifen Sie zum Cricut Explore Air 2 oder Cricut Maker, wenn Sie etwas schneiden müssen, das breiter als 4,25 Zoll ist, bis zu 12 Zoll.

## Für Schnellentschlossene

Wenn Sie es eilig haben oder einfach nur das Beste aus Ihrer Zeit machen möchten, werden Sie den Schnellmodus lieben, mit dem Sie bis zu 2X schneller schneiden und schreiben können. Er verdoppelt Ihre Geschwindigkeit beim Arbeiten mit gängigen Materialien wie Vinyl, Bügeleisen und Karton. Sowohl der Cricut Maker als auch der Cricut Explore Air 2 verfügen über den Schnellmodus.

## Für farbversessene Handwerker

Eine unserer Lieblingsbeschäftigungen bei Cricut Explore Air 2 ist die große Vielfalt an Farbtönen, von Flamingo Pearl und Wildrose über Smaragd, Pfau, Pfirsichkuss bis hin zu Kirschblüte.

Wenn Sie Ihrer Kreativität Ausdruck verleihen möchten, indem Sie Ihren Bastelraum farblich abstimmen, ist Cricut Explore Air 2 vielleicht genau das Richtige für Sie.

# Cricut-Maker

Cricut Maker mit den gleichen verblüffenden Eigenschaften wie die Cricut Explore Air 2, plus die 10fache Schneidleistung, was sie zu unserer vielseitigsten intelligenten Schneidemaschine macht.

### Für Entscheidungsträger der nächsten Stufe

Cricut Maker bietet mehr Werkzeuge, mehr Materialien und mehr Möglichkeiten. Er schneidet mehr als 300 Materialien (mehr als jede andere Cricut Maschine), von den empfindlichsten Papieren bis hin zu den zähesten Materialien wie Leder und Lindenholz.

### Für kreative Handwerker, die sich nach mehr sehnen

Mit seinem erweiterbaren Werkzeugsortiment, einschließlich Knife Blade (für dickere, dichtere Materialien), Rotary Blade (für hinterlegte UND nicht hinterlegte Stoffe) und der QuickSwap Werkzeugfamilie (zum Ritzen, Gravieren, Prägen und Hinzufügen von dekorativen Effekten), können Sie mit Cricut Maker praktisch jedes Projekt übernehmen.

### Für dimensionale Heimwerker

Da er dickere, dichtere Materialien schneiden kann, eignet sich Cricut Maker perfekt für die Erstellung von Strukturelementen für 3D-Projekte, einschließlich Modelle, Dekor und mehr.

## Für Nähbegeisterte

Wenn Sie nähen oder denken, dass Sie jemals lernen möchten, kann Cricut Maker Ihnen bei einem der schwierigsten und mühsamsten Teile helfen, nämlich dem Markieren und Zuschneiden von Schnittmusterteilen. Sie können sogar Ihre eigenen Nähmuster hochladen.

## Für versierte Quilterinnen

Quilterinnen lieben Cricut Maker für das präzise Ausschneiden von Applikationen und Quilt-Stücken, damit sie sich auf die lustigen Dinge konzentrieren können.

## Für die Stylishen

Cricut Maker hat einen stromlinienförmigen Look, der in 5 edlen Farbtönen (Champagner, Blau, Rose, Minze und Flieder) mit einem schimmernden Metallic-Finish erhältlich ist.

# Klingen

**K**lingen erlauben es Ihnen mit Ihrer Cricut Maschine alle Ihre Projekte zu schneiden. Je nach Art der Materialien, mit denen Sie arbeiten möchten, benötigen Sie jedoch eine andere Art von Klinge.

Jede der Klingen hat unterschiedliche Superkräfte und kann unterschiedliche Materialien schneiden. Wenn Sie nicht die richtige Klinge verwenden, können Ihre Materialien oder sogar die Klinge selbst beschädigt werden.

Sie brauchen sich darüber aber keine Sorgen zu machen, denn bevor Sie ein bestimmtes Projekt schneiden, wird Ihnen die Cricut Design Space Software sagen, WELCHE Klinge Sie für welches Material benötigen.

## Typ der Klingen:

- Feine **Point Klinge** - Gold/Silber
- Deep **Point Klinge** - Schwarz
- **Klinge aus** geklebtem **Gewebe** - Rosa
- **Folientransfer-Kit** - Blau
- Rotierende **Klinge** - funktioniert nur mit dem Cricut Maker - Silber

- **Messerklinge** - funktioniert nur mit dem Cricut Maker - Silber

- Schnell **austauschbare Perforationsklinge** - funktioniert nur mit dem Cricut Maker - Silber

- Quick **Swap Wavy blade** - funktioniert nur mit dem Cricut Maker - Silber

- Quick **Swap Debossing-Spitze** - funktioniert nur mit dem Cricut Maker - Silber

- **Schnellwechsel-Gravurspitze** - funktioniert nur mit dem Cricut Maker - Silber

- Quick **Swap Scoring Wheel-Tipps** - funktioniert nur mit dem Cricut Maker - Silber

- Cricut **Joy Fine Point Blade** - Silber mit weißer Spitze - Cricut Joy Only

## Anatomie der Cricut-Klinge

Cricut Klingen sind außergewöhnlich gut konstruiert und Sie können die Qualität der Materialien spüren, sobald Sie sie in den Händen halten. Sie sind wunderschön und erledigen ihre Arbeit in Perfektion!

Außerdem sind Farben und Funktionalität, wenn Sie ein Bild von einer bestimmten Klinge sehen, nicht nur die Klinge selbst, sondern auch das Gehäuse.

- **Gehäuse:** ist das, was die Klinge an ihrem Platz hält. Wenn Ihre Klinge gewechselt werden muss, brauchen Sie das Gehäuse nicht zu wechseln.

- **Gehäuse des Antriebs:** Dieser Gehäusetyp wurde speziell für den Cricut Maker entwickelt und unterscheidet sich von den Standard-Gehäusemessern, da sie ein goldenes Zahnrad oben haben. Das Cricut Adaptive Tool System treibt diese Zahnräder an. Die Klingen des Antriebsgehäuses werden mit einer Kunststoffabdeckung geliefert, die jederzeit belassen werden sollte, um die Zahnräder sauber zu halten.

- **Klinge:** Die Klingen sehen einem kleinen Nagel etwas ähnlich und werden in die Gehäuse eingesetzt. Die Klingen können ausgetauscht werden, wenn die Schnitte nicht mehr so scharf sind wie früher. **Hinweis:** Klingen für Antriebsgehäuse sehen alle anders aus.

## Was sind die verschiedenen Arten von Cricut-Klingen und was können sie schneiden?

Zurzeit sind sieben verschiedene Klingen und drei verschiedene Spitzen erhältlich. Alle neun Werkzeuge können mit dem Cricut Maker verwendet werden, aber nur drei von ihnen können mit der Cricut Explore Family Machine verwendet werden.

## Feinspitzklinge

Die Fine Point Klinge ist die gebräuchlichste, und sie wird mit allen Cricut Maschinen geliefert. Sie wird aus deutschem Hartmetall hergestellt, einem extrem haltbaren und hochwertigen Material, das am häufigsten für Schneidwerkzeuge verwendet wird.

Diese Klinge eignet sich perfekt für komplizierte Schnitte und ist für das Schneiden mittelschwerer Materialien ausgelegt. Früher war sie silberfarben, aber jetzt gibt es sie in einer schönen goldenen Farbe.

Es funktioniert mit allen Maschinen der Cricut Explore Family und dem Cricut Maker.

**Hinweis:** Abgesehen von der Farbe (von Silber bis Gold) gibt es keinen Unterschied zwischen den Gehäusen Silber- und Goldgehäuse, einschließlich der Klinge, die sich beim ersten Kauf Ihres Geräts darin befindet.

Wenn Sie jedoch eine Ersatzklinge für den Cricut Maker/Explore kaufen, SICHERSTELLEN SIE IMMER SICHER, dass Sie die Klinge mit der weißen Kappe kaufen. Die graue Kappe ist für ältere Cricut Maschinenmodelle vorgesehen.

## Welche Materialien kann ich mit der Fine Point Klinge schneiden?

- Drucker-Papier
- Vinyl: Glitzer-Vinyl, bedruckbar, außen, holografisch
- Aufbügeln oder auch HTV (Heat Transfer Vinyl)
- Kartenmaterial
- Washi-Band
- Pergamentpapier
- Pergament
- Leinwand
- Leichte Spanplatte

- Kunstleder (papierdünn)

# Deeppoint-Klinge

Wenn Sie dickere Materialien schneiden müssen, wird die Deep Point Klinge Ihr bester Freund sein. Sie können es mit allen Geräten der Cricut Explore Familie oder dem Cricut Maker verwenden!

Der Winkel dieser Klinge ist so viel steiler - 60 Grad im Vergleich zu 45 Grad bei der Feinspitzklinge - Dadurch kann die Klinge in dicke Materialien eindringen und komplizierte Schnitte schneiden.

Die Farbe dieser Klinge ist schwarz und muss mit dem entsprechenden Gehäuse verwendet werden. Und damit meinte ich, dass man andere Klingen wie Fine Point und Bonded Fabric nicht austauschen kann.

## Welche Materialien kann ich mit der Deep Point Klinge schneiden?

- Handwerklicher Schaumstoff
- Aluminium-Folie
- Echtes Leder
- Metallisches Leder
- Magnetische Platte - 0,6 mm
- Wellpappe

# Klinge für geklebtes Gewebe

Die Bonded Fabric-Klinge ist wie die Fine Point Blade, aber sie ist farbcodiert, so dass Sie sie nur mit Stoff verwenden können. Um ein besseres Erlebnis beim Schneiden von Stoff zu haben, sollten Sie diese Klinge nicht auf Papier oder Vinyl verwenden.

Bei dieser Klinge gibt es allerdings einen großen Vorbehalt. Der Stoff, den Sie schneiden werden, muss auf ein Trägermaterial geklebt werden.

"Backing" ist eine Art von Material - wie Heat & Bonding - das Sie an Ihre Stoffe kleben - kleben - müssen, damit Sie mit dieser Klinge schneiden können; daher der Name Bonded Fabric Klinge.

Wenn Sie Ihre Stoffe nicht richtig verkleben, riskieren Sie ein Auseinanderreißen und Ausdehnen Ihrer Materialien, und Sie könnten auch Ihre Matte beschädigen.

Kein Spaß, oder?

Diese Klinge ist mit den Maschinen der Explore Familie und dem Cricut Maker kompatibel, die Farbe ist rosa und kann mit dem Fine Point Klingengehäuse und mit der Pink Fabric Matte verwendet werden.

**Welche Materialien kann ich mit dem Bonded Fabric-Blatt schneiden?**

## Alle diese Materialien müssen miteinander verbunden werden.

- Öl-Tuch
- Seide
- Polyester
- Denim
- Filz

- Sackleinen
- Baumwolle

# Folientransfer-Kit (Neu)

Mit dem "Folientransfer-Kit" können Sie schöne und scharfe Folieneffekte auf Ihren Projekten erzeugen.

Es ist mit dem Cricut Maker und allen Maschinen der Explore Familie kompatibel.

Mit Bügeleisen haben Sie nicht die Kompliziertheit, die das "Folientransfer-Kit" hat.

Dieses Kit besteht aus 3 Werkzeugen in 1; um am besten zu Ihrem Projekt zu passen, hat Cricut eine feine, eine mittlere und eine fette Spitze.

**Hier sind einige der Materialien, die Sie bei der Arbeit mit dem "Folientransfer-Kit" verwenden können.**

- Kartenmaterial
- Deluxe-Papier
- Perlmuttpapier
- Pergament
- Bedruckbares Vinyl
- Bedruckbares Aufkleberpapier
- Mattentafel
- Poster-Tafel
- Kopierpapier
- Fotopapier
- Kunstleder

# Rotierende Klinge (nur Cricut-Maker)

Das Rotationsmesser ist fantastisch und wird durch das adaptive Werkzeugsystem angetrieben, deshalb ist es nur mit der Cricut Maker Maschine kompatibel.

Das Antriebsgehäuse für diese Klinge ist nicht mit anderen Klingen austauschbar. Um die Klinge selbst austauschen zu können, benötigen Sie ein spezielles Kit.

Das Rotary-Messer schneidet durch so gut wie jeden Stoff. Und das Beste ist, dass Sie kein Trägermaterial benötigen, um den Stoff auf der Matte zu stabilisieren. Das allein sollte Sie superglücklich machen!

Diese Klinge wird auch mit dem Cricut Maker geliefert (dies ist eine große Sache, da Sie diese Art von Werkzeugen normalerweise einzeln oder im Bündel kaufen müssen) und kann nur mit der Fabric Grip Matte verwendet werden.

Obwohl diese Klinge sehr kühl und potent ist, hat sie eine kleine Einschränkung. Die Bild- oder Projektgröße, die Sie zu schneiden versuchen, sollte mindestens 19 mm (3/4 Zoll) betragen. Das Schneiden kleinerer Projekte führt zu einer Verkürzung der Lebensdauer der Klinge.

## Welche Materialien kann ich mit der Rotary Fabric-Klinge schneiden?

- Bambus-Gewebe
- Bengalen
- Leinwand

- Kaschmir
- Chiffon
- Kord
- Baumwolle
- Denim
- Filz
- Vlies
- Gaze
- Seide
- Lycra
- Mikrofaser
- Nylon

# Messerklinge (Nur Cricut-Maker)

Diese Messerklinge ist einzigartig, und sie ist nur mit der Maker Machine kompatibel.

Die Projekte, die Sie mit diesem Baby schneiden können, sind einfach erstaunlich. Sie können Holzschilder für Ihr Zuhause, Kisten, extrem stabile Tortenaufsätze und vieles mehr anfertigen.

Die Purple oder StrongGrip Matte ist die Matte, die Sie mit dieser Klinge verwenden sollten. Manchmal reicht diese Matte nicht einmal aus, um das Material an Ort und Stelle zu halten, besonders wenn Sie Holz schneiden.

Wenn Sie aufgrund des von Ihnen verwendeten Materials zusätzlichen Halt benötigen, befestigen Sie die Matte mit Maler-Klebeband an den Rändern, um sie an der Matte zu befestigen.

Das Antriebsgehäuse für diese Klinge ist nicht mit anderen Klingen austauschbar.

## Welche Materialien kann ich mit der Messerklinge schneiden?

- Werkzeug-Leder
- Balsaholz - 1/16 Zoll & 3/32 Zoll
- Lindenholz - 1/16 Zoll & Lindenholz - 1/32 Zoll
- Schwere Spanplatte - 2,0 mm
- Mattenbrett 4-lagig

# Schnellwechselspitzen und Klingen (nur Cricut-Maker)

Im Gegensatz zu den übrigen Klingen, die ein anderes Gehäuse haben, können Sie mit dem Schnellwechselsystem fünf verschiedene Werkzeuge verwenden (2 Klingen und 3 Spitzen)

- Tipp zur Punktevergabe
- Gravierspitze
- Debossing-Spitze
- Gewellte Klinge
- Perforationsklinge

**Lassen Sie uns ein wenig mehr über all diese Instrumente sehen:**

## Perforationsklinge

Mit dieser speziellen Klinge können Sie Projekte mit einem Aufreiß-Finish erstellen. Mit diesem Werkzeug hat sich eine neue Welt von Möglichkeiten eröffnet. Sie können Gutscheine, Lotterielose usw. erstellen!

## Einige der Materialien, die Sie mit dieser Klinge verwenden können, sind:

- Wellpappe
- Metallische Plakattafel
- Karton-Glitter
- Karton Schwerer Karton
- Filz
- Handwerklicher Schaumstoff
- Glitter Craft Schaumstoff
- Iron-On
- Kunstleder (papierdünn)
- Werkzeug-Leder - 2-3 oz. (0,8 mm)
- Pergament
- Kunststoff
- Acetat
- Folien-Acetat

## Gewellte Klinge

Anstatt auf geraden Linien zu schneiden, wie mit der Dreh- oder Feinstiftklinge, erzeugt dieses Werkzeug Welleneffekte auf Ihren Endschnitten.

Es ist ziemlich kompliziert, gekrümmte Linien im Design Space zu erhalten, daher ist dieses Werkzeug sehr nützlich, wenn Sie diese Art von Effekten mögen.

Geschenkanhänger, Banner, Karten, Umschläge und einzigartige Vinylaufkleber sind einige der Projekte, die von diesem Tool profitieren werden.

## Einige der Materialien, die Sie mit dieser Klinge schneiden können:

- Schwerer Karton
- Wellpappe
- Folienposter-Tafel
- Kraft-Vorstand
- Metallische Plakattafel
- Poster-Tafel
- Glitzer-Karton
- Baumwoll-Denim
- Flanell
- Vlies Schmelzvlies

## Gravierspitze

Die Gravierspitze ist etwas, auf das viele Handwerker gewartet haben! Mit diesem Werkzeug werden Sie in der Lage sein, eine Vielzahl von Materialien zu gravieren.

Haben Sie einen Hund? Wie wäre es mit einer Hundemarke! Sie können Monogramme auf Aluminiumblechen oder eloxiertem Aluminium anfertigen, um das Silber darunter zum Vorschein zu bringen.

# Hier sind einige der Materialien, die Sie mit dieser Klinge verwenden können:

- Eloxiertes Aluminium
- Messing
- Bronze
- Rostfreier Stahl
- Kunstleder (papierdünn)
- Bekleidungsleder - 2-3 oz. (0,8 mm)
- Echtes Leder
- Werkzeug-Leder
- Pergament
- Acetat-Folie
- Acetat

## Debossing-Spitze

Dieser Tipp drückt das Material hinein und erzeugt schöne und detaillierte Designs. Die Prägung wird Ihre Projekte auf eine ganz neue Ebene bringen, da Sie nun Details in Ihre Entwürfe einfügen können.

Stellen Sie sich vor, Sie prägen eine schöne Geschenkverpackung mit Blumen, Herzen, Sternen usw.! Sie können auch 3D-Karten und Monogramme herstellen!

# Hier finden Sie eine Liste mit einigen Materialien, die Sie mit diesem Tool verwenden können:

- Folienposter-Tafel

- Schwere Spanplatte - 2,0 mm

- Kraft-Vorstand

- Leichte Spanplatte - 0,37 mm

- Mattenbrett 4-lagig

- Metallische Plakattafel

- Poster-Tafel

- Folien-Acetat

- Pergament

- Kunstleder (papierdünn)

- Echtes Leder

- Werkzeug-Leder

- Craft Foam Glitter Cardstock

- Schwerer Karton

- Balsaholz - 1/16" (1,6 mm)

- Balsaholz - 3/32" (2,4 mm)

## Scoring-Rad (Tipp 01 und 02)

Das Scoring Wheel ist ein Werkzeug, mit dem Sie schöne, kantige und knusprige Falten auf Ihren Materialien erzeugen können.

Um Ihnen die besten Ergebnisse zu liefern, hat Cricut das Scoring Wheel mit zwei verschiedenen Tipps, 01 und 02, entwickelt. Abhängig vom Material, das Sie auswählen, wird Ihnen Design Space die von Ihnen benötigte Spitze vorschlagen.

**Tipp 01:** Es ist ideal für leichte Materialien wie Druckpapier, normales Kartonmaterial usw.

**Tipp 02:** Ideal für schwere und beschichtete Materialien wie Spanplatten, Glitterkarton, Metallplakatkarton usw.

**Hier sind einige der Materialien, die Sie mit diesem Tool verwenden können:**

- Wellpappe
- Damast-Spanplatte
- Flacher Karton
- Folien-Kraft-Brett
- Schwere Spanplatte - 2,0 mm
- Kraft-Vorstand
- Kartenmaterial
- Folien-Acetat
- Plastikverpackungen
- Kopierpapier
- Wellpappe

# Cricut-Joy-Klingen

Der Cricut Joy hat nur eine "Fine Point Blade". Das Klingenge-häuse hat eine weiße Kappe, und die Klinge selbst ist ganz anders als alle anderen Klingen.

Das Cricut Joy Blade ist nicht austauschbar; daher müssen Sie das entsprechende Gehäuse verwenden.

**Hier sind einige der Materialien, die Sie mit dieser Klinge schneiden können:**

- Smart Iron-On und Vinyl (ohne Cricut-Matte)
- Kopierpapier
- Kartenmaterial
- Karten mit einer Kartenmatte einlegen.

- Beschreibbares Vinyl
- Wellpappe
- Glitzer-Karton
- Folienposter-Tafel

## Austausch von Gehäusen

Die Fine Point Klinge und die Bonded Fabric Klinge können dasselbe Gehäuse verwenden. Auch die QuickSwap-Werkzeuge können dasselbe Gehäuse verwenden. Wenn Sie also bereits eines besitzen, brauchen Sie von nun an nur noch die Spitze oder die Klinge zu besorgen.

Die anderen drei verbleibenden Klingen (Deep Point, Rotary, Knife) können nur mit ihrem jeweiligen Gehäuse verwendet werden.

## Kauf von Klingen

Sie können die Klingen im Handwerksladen, bei Walmart und auf der offiziellen Cricut-Website kaufen

## Wie lange hält die Cricut-Klinge?

Obwohl Cricut Klingen für eine angemessene Lebensdauer ausgelegt sind, kommt die Zeit, in der die Klinge ausgetauscht werden muss.

Die Lebensdauer der Klinge hängt von der Art der Materialien ab, mit denen Sie arbeiten, wie oft Sie sie verwenden und natürlich auch davon, wie Sie sie pflegen.

Zum Beispiel sind Papier und Karton härter auf den Klingen als ein viel glatteres Material wie Vinyl. Wenn Sie also einen Papierstau haben, dann werden Sie öfter durch die Klingen gehen.

Klingen, die durch wirklich dicke Materialien schneiden, wie die Deep Point Klinge und insbesondere die Messerklinge, müssen wegen des Drucks, den die Klinge ausüben muss, um glatte und saubere Schnitte zu erhalten, öfter ausgetauscht werden.

Sie werden wissen, dass Sie die Klingen austauschen müssen, wenn Ihre Schnitte stumpf und nicht mehr so scharf wie früher sind.

# Wie ersetzt man Cricut-Klingen?

Die Feinspitze, die Deeppoint und der Bonded Fabric sind sehr leicht zu wechseln. Drücken Sie einfach auf die Oberseite der Klinge, entfernen Sie sie mit den Händen und setzen Sie die neue Klinge mit dem Gehäuse nach unten ein.

Die anderen Klingen - Rotary und Knife - sind etwas schwieriger.

# Wie Sie Ihre Cricut-Klingen pflegen

Die Pflege Ihrer Cricut Klingen erhöht deren Lebensdauer. Klingen und Gehäuse sind eine ziemliche Investition, also stellen Sie sicher, dass Sie Ihr Bestes tun, um sie jederzeit zu pflegen.

Hier sind ein paar Tipps für Sie, wie Sie Ihre wertvollen Klingen pflegen können.

Der beste Weg, Ihre Klingen zu pflegen, ist die Verwendung der richtigen Materialien. Es kann verlockend sein, zu versuchen, etwas Dickeres mit der Feinspitzklinge zu schneiden, wenn Sie nicht die Deep Point Klinge haben.

Allerdings wird nicht nur Ihr Projekt nicht angemessen geschnitten, sondern Sie werden auch die Klinge zusätzlich verschleißen.

Achten Sie darauf, dass die Kunststoffabdeckung für die Klingen - und auch das Vorritzerrad -, das ein Antriebsgehäuse hat, erhalten bleibt. Diese Abdeckung schützt die Zahnräder des Gehäuses. Wenn Sie die Abdeckung entfernen, setzen Sie die Klinge und das Gehäuse kleinen Partikeln wie Haaren und Staub aus.

Legen Sie sie weg, wenn sie nicht in Gebrauch sind.

## Wie Sie Ihre Cricut-Klingen aufbewahren

Die Fächer im Inneren der Cricut Maschinen sind speziell dafür ausgelegt, Ihre Klingen zu halten - sie haben an alles gedacht - Für die Ersatzklingen gibt es einen Metallmagneten, der sie jederzeit an Ort und Stelle hält.

Der Cricut Maker bietet Ihnen noch mehr Stauraum, um die Klingen an ihrem Platz zu halten!

Wenn Sie sich jedoch entscheiden, sie aufzubewahren, stellen Sie sicher, dass Sie sie weit weg von der Reichweite Ihrer Kinder - oder anderer Personen, die nicht wissen, dass es sich um eine Klinge handelt - aufstellen.

## Häufige Probleme mit Cricut-Klingen

Es könnte einen Punkt geben, an dem Sie sich wegen Ihrer Klingen frustriert fühlen werden.

Vielleicht schneiden Ihre Klingen nicht gut, schleifen die Materialien, schneiden zu tief oder schneiden einfach gar nicht!

Die meisten dieser Probleme können gelöst werden, indem Sie Ihre Einstellungen überprüfen, insbesondere wenn Sie sie in der Vergangenheit geändert haben, um ein benutzerdefiniertes Material zu schneiden.

Vielleicht stabilisieren Ihre Matten das Material nicht richtig und Sie müssen sie austauschen, oder vielleicht ist es an der Zeit, dass Sie die Klinge austauschen.

# Matten

Cricut Matte" ist die Oberfläche, auf der Sie alle Ihre Projekte schneiden. Zurzeit gibt es vier verschiedene Arten von Matten: Light Grip (blau), Standard Grip (grün), Strong Grip (violett) und Fabric (rosa).

Je nach den Materialien, mit denen Sie arbeiten, benötigen Sie eine andere Matte.

Wenn Sie nicht die richtige Matte für Ihr Projekt verwenden, riskieren Sie, Ihre Materialien laufen zu lassen und haben es dann schwer, sie von der Matte zu entfernen.

Cricut-Matten sind klebrig, und der Grad der Klebrigkeit bestimmt, wie sicher der Griff ist. Je stärker der Griff, desto schwerer das Material (wie z.B. Spanplatten oder dickes Kartonmaterial), das Sie schneiden können, und je leichter der Griff, desto dünne oder leichte Materialien (wie normales Papier und Vinyl), die Sie schneiden können.

Matten sind flexibel, und das ist sehr nützlich, weil man sie biegen kann, um Projekte herauszuholen, die sonst nur schwer zu entfernen sind.

## Schutzhülle

Eine neue Cricut Matte wird immer eine transparente Abdeckung haben, die die Oberfläche der Matte schützt.

## Äußere Matte

Dieser Teil der Matte hat keinerlei Griffigkeit (oder Klebrigkeit), und Sie finden hier auch den Namen der Matte, mit der Sie arbeiten, und die Maße sowohl in cm als auch in Inch.

## Innenmatte

Der innere Teil der Matte ist der klebrige Teil, auf den Sie Ihre Projekte legen, bevor Sie sie schneiden.

Der innere Teil der Matte wird durch 1x1in Quadrate geteilt; das ist ziemlich praktisch, denn wenn Sie etwas schneiden, können Sie jederzeit visuell erkennen, wo sich Ihr Material befindet.

## Was sind die Unterschiede zwischen Cricut-Matten?

Je nach den Materialien, mit denen Sie arbeiten möchten, benötigen Sie einen anderen Mattentyp.

Sie müssen sich merken oder zumindest eine Vorstellung davon haben, welche Matte Sie verwenden sollten, da Cricut Design Space Ihnen nicht vorschreiben wird, welche Matte Sie für verschiedene Arten von Materialien verwenden müssen (es wird Ihnen jedoch sagen, welche Klinge zu verwenden ist).

Abgesehen davon ist es immer eine gute Idee, sie alle zur Hand zu haben, damit man alles schneiden kann, was das Herz begehrt!

## Leichter Griff - Blaue Matte

Diese Matte wurde entwickelt, um leichte Materialien zu schneiden.

Wenn Sie ein dünnes Material auf eine Matte mit stärkerer Griffigkeit legen, wird es für Sie so gut wie unmöglich sein, dieses Material von der Matte zu entfernen.

Die gängigsten Materialien, die Sie mit der LightGrip-Matte schneiden können, sind

- Normales Papier
- Dünner Karton
- Konstruktionspapier
- Normales Vinyl

## StandardGrip - Grüne Matte

Die StandardGrip-Matte ist die am weitesten verbreitete und erschwinglichste Matte, die für die Verarbeitung mittelschwerer Materialien ausgelegt ist.

Es wird normalerweise beim Kauf eines Cricut Geräts mitgeliefert (beachten Sie jedoch unbedingt die Produktbeschreibung) und ist grün.

Die gängigsten Materialien, die Sie mit der Standard-Grip- oder Green-Matte schneiden können, sind

- Kartenmaterial
- HTV (Wärmeübertragungs-Vinyl)
- Permanentes oder entfernbares Vinyl

## Starke Griffigkeit - Violette Matte

Diese Matte wurde entwickelt, um schwere Materialien an Ort und Stelle zu halten.

Manchmal, wenn Sie ein schweres Material wie Balsaholzlattenholz verwenden, reicht die Griffstärke nicht aus. Verwenden Sie in diesen Fällen Malerklebeband, um das Material an der Matte zu befestigen.

Die gängigsten Materialien, die Sie mit der StrongGrip-Matte schneiden können, sind

- Dickes und glitzerndes Kartenmaterial
- Balsaholz und Lindenholz
- Spanplatte
- Schwarzes Brett
- Leder

## Stoffgriff - Rosa Matte

Die Pink Matte ist die neueste Matte, und sie kam mit der Veröffentlichung des Cricut Maker heraus.

Die FabricGrip-Matte wurde speziell für das Zuschneiden von Stoff entwickelt. Sie kann mit einem der Cricut explore Family Maschinen oder auch allein mit dem Rotationsmesser und dem Cricut Maker verklebt werden.

Die gängigsten Materialien, die Sie mit der Strong Grip Matte schneiden können, sind

- Gebundenes Gewebe (Maschine der Familie erforschen)
- Jede Art von Gewebe mit dem rotierenden Messer und Cricut Maker

# Cricut-Joy-Matten

Mit der Cricut Joy benötigen Materialien, die mit dem Wort "Smart" gekennzeichnet sind, keine Cricut Matte. Andere Materialien wie Karton und normales Vinyl benötigen jedoch eine Matte, die geschnitten werden muss.

## Der Cricut Joy hat drei verschiedene Arten von Matten.

- **Leichte Griffmatte - Blau:** Zur Verwendung für dünne Materialien wie Kopierpapier, selbstklebendes Vinyl und Bügelmaterial.
- **Strandard Grip Matte - Grün:** Verwendung für mittelschwere Materialien wie Glitterkarton, unschmelzbare Tinte, Glitteraufbügeln, Wellpappe
- **Karte Mat:** Verwendung mit Einsteckkarten. Sie können auch Ihr Papier verwenden und es auf das gleiche Format wie die Einlegekarten zuschneiden.

Die Matten Light Grip und Standard Grip sind in zwei Größen erhältlich: 4,5 x 6,5 Zoll und 4,5 x 12 Zoll.

**Hinweis:** Wenn Sie mit einer Matte (blau oder grün) schneiden, darf Ihr Entwurf nicht größer als 4,25 x 6,25/11,75 Zoll sein. Und wenn Sie die Kartenmatte verwenden, darf Ihr Entwurf nicht größer als 4,25 x 6 Zoll sein.

# Was sind die idealen Projekte für verschiedene Mattengrößen?

Alle Cricut Matten sind in zwei verschiedenen Größen erhältlich, 12 x 12 und 12 x 24 Zoll.

Wenn Sie vorhaben, dasselbe Design mehrfach zu schneiden oder etwas herzustellen, das größer als 12 x 12 Zoll ist, dann sollten Sie die Mattengröße 12 x 24 Zoll wählen.

Nehmen wir an, Sie haben den Cricut-Maker, weil Holz und Stoff Ihre Marmelade sind. Mit den 12 x 24-Zoll-Matten können Sie größere Formate aus Holz zuschneiden, um Ihr Heim zu dekorieren. Dasselbe gilt für Stoff; Sie könnten große Stücke Stoff zuschneiden und später einen Kissenbezug nähen.

## Matten kaufen

Sie können die Matten in jedem Handwerksladen, auf der offiziellen Cricut-Website oder im Amazonasgebiet kaufen.

## Wie pflegt und reinigt man Cricut-Matten?

Eine gute Pflege Ihrer Matte ist sehr wichtig, um sicherzustellen, dass Ihre Schnitte immer schön und glatt sind.

Wenn Sie Ihren Matten etwas mehr Liebe zeigen, verlängern Sie ihr Leben und sparen langfristig Geld.

# Hier sind einige der besten Möglichkeiten, wie Sie das erreichen können:

## Nach jedem Gebrauch abdecken

Werfen Sie niemals Ihre Schutzhülle weg. Wenn Sie dies tun, setzen Sie Ihre Matte Tonnen von Staub und Schmutz aus, was dazu führt, dass Ihre Matte mit der Zeit weniger klebrig wird.

Jedes Mal, wenn Sie mit dem Schneiden und Entfernen fertig sind, decken Sie es ab und legen Sie es weg.

## Verwenden Sie Cricut Matten mit den richtigen Materialien

Jede Matte ist so konzipiert, dass sie mit unterschiedlichen Materialien verwendet werden kann. Wenn Sie dies vermasseln, wird es Ihnen schwer fallen, sie zu entfernen.

Wenn Sie z.B. leichte Materialien auf die violette Matte legen, wird es Ihnen schwer fallen, dieses Material herauszubekommen, und dies wird Ihrer Matte zusätzlichen Verschleiß zufügen.

Dasselbe gilt für die Art und Weise, wie Dinge von der Matte entfernt werden. Seien Sie vorsichtig und versuchen Sie, Elemente mit Vorsicht und Geduld zu entfernen.

## Reinigen Sie Ihre Matten häufig:

Mit der Zeit verliert Ihre Matte an Griffigkeit; manchmal befinden sich Aufbaumaterialien darauf, und manchmal ist es einfach an der Zeit, dass Sie sie ersetzen.

Bevor Sie eine neue Matte erhalten, versuchen Sie, sie zu reinigen. Hier sind drei verschiedene Möglichkeiten, wie Sie sie reinigen können.

## Leichter, starker und Standard-Griff

## Verwenden Sie den Abstreifer

Verwenden Sie nach jedem Gebrauch den Schaber, um Papierstücke zu entfernen.

## Fusselwalze

Verwenden Sie eine Fusselrolle, um kleine Materialreste auf der Matte zu entfernen. Dieser Tipp funktioniert hervorragend, wenn Sie den Stoff entfernen müssen!

## Babywischtücher ohne Alkohol

Für eine schnelle Reinigung können Sie immer ein paar Babyfeuchttücher verwenden; das funktioniert wie ein Zauber, wenn Ihre Matte nur ein wenig Schmutz aufweist.

## Seifenwasser

Für die Tiefenreinigung können Sie immer einen Waschlappen mit Seifenwasser verwenden. Achten Sie darauf, dass Sie lauwarmes oder kaltes Wasser verwenden, da heißes Wasser die Griffigkeit Ihrer Matte beeinträchtigen kann.

**Wenn Ihre Reinigung mit Wasser erfolgt und Ihre Matte nass ist, lassen Sie die Matte unbedingt an der Luft trocknen.**

## Stoff Mat:

Die Rosa Matte ist sehr eigentümlich, und sie erfordert eine andere Art der Pflege als die anderen Matten!

Hier sind einige der besten Praktiken für die Reinigung und Pflege der Cricut Stoffmatte

## Verwenden Sie nicht den Abstreifer

Verwenden Sie den Schaber nicht, da der Klebstoff dieser Matte genau richtig ist, um Stoffe zu halten, und sie ist ziemlich leicht; daher wird sich der Schaber vom Griff lösen.

## Verwenden Sie die Fusselrolle

Verwenden Sie den Fusselroller, um einen Teil des auf Ihrer Matte verbliebenen Stoffes loszuwerden.

## Transferband verwenden

## Keine Seife und kein Wasser verwenden

Verwenden Sie keine Seife oder Wasser auf dieser speziellen Matte.

## Finger weghalten

Wenn Sie Ihre Matte so manipulieren, dass Sie Stoffe darauf ablegen, achten Sie darauf, dass Sie die Finger vom Griff lassen.

## Deck es ab

Decken Sie es nach jedem Gebrauch ab.

# Design SPACE

Wenn wir wissen, was ein Cricut ist und wie er funktioniert, können wir vertiefen, wie man einen Entwurf erstellt, welche Materialien benötigt werden und welchen Cricut man kaufen sollte.

Der Cricut Design Space ist die Hauptsoftware, die mit der Maschine verwendet wird, und nun werden wir erklären, wie sie zu verwenden ist: Sehen Sie, wenn Sie eine klare Vorstellung davon haben, wofür jedes Symbol und jedes Bedienfeld dient, dann können Sie sich wirklich hineinstürzen und anfangen, immer weiter und weiter zu erforschen. Manchmal sind wir schnell dabei, von Projekt zu Projekt zu springen - Hey Das ist auch ok! BTDT - Aber ich glaube, wenn man seinen Arbeitsbereich kennt, kann man seine Kreativität auf eine ganz neue Ebene bringen.

Bevor wir uns in die Materie vertiefen, wollen wir erfahren, was der Cricut Design Space Canvas Bereich ist: Die Cricut Design Space Canvas Area ist der Ort, an dem all die Magie geschieht, bevor Sie Ihre Projekte schneiden.

Im Design Space können Sie Ihre Kreationen ausbessern und organisieren. In diesem Bereich können Sie nicht nur Ihre Schriften und Bilder verwenden und hochladen, sondern Sie können auch Cricut's Premium-Bilder und Schriften über Einzelkäufe, Cricut Access und Cartridges verwenden.

Es ist zwecklos, in einen Cricut zu investieren, wenn Sie nicht lernen, wie man den Design Space beherrscht, denn Sie werden diese Software immer brauchen, um jedes Projekt zu schneiden. Der Cricut Design Space ist ein hervorragendes Werkzeug für Anfänger, und wenn Sie keine Erfahrung mit anderen Designprogrammen wie Photoshop oder Illustrator haben, werden Sie feststellen, dass es zwar überwältigend aussieht, aber ganz einfach ist.

Auf der anderen Seite, wenn Sie Vorschauerfahrung mit einer der Adobe Creative Cloud-Anwendungen oder Inkscape haben. Sie werden sehen, dass dieses Programm nur ein Kinderspiel ist. Design Space ist hauptsächlich dazu da, Ihre Projekte aufzufrischen und minimale Designs mit Formen und Schriften zu erstellen.

Wenn Sie etwas Anspruchsvolleres wollen, brauchen Sie Ihre eigenen Entwürfe oder Cricut Access. Das ist eine Mitgliedschaft, bei der Sie Zugang zu ihrer überdimensionalen Bibliothek erhalten. Wenn Sie sich in Ihr Cricut Design Space Konto einloggen und ein neues Projekt starten oder bearbeiten möchten, können Sie alles von einem Fenster namens CANVAS

Der Leinwandbereich im Cricut Design Space ist der Bereich, in dem Sie alle Ihre Bearbeitungen vornehmen, bevor Sie Ihre Projekte schneiden.

Die oberste Tafel im Bereich Design Space Canvas dient zum Bearbeiten und Anordnen von Elementen auf dem Leinwandbereich. In diesem Bereich können Sie wählen, welche Art von Schrift Sie verwenden möchten; Sie können Größen ändern, Designs ausrichten und vieles mehr!

Dieses Panel ist in zwei Unter-Panels unterteilt. Im ersten können Sie Ihre Projekte speichern, benennen und schließlich ausschneiden. Und das zweite ermöglicht es Ihnen, die Dinge auf der Leinwandfläche zu kontrollieren und zu bearbeiten.

# Unter-Panel 1 Benennen Sie Ihr Projekt und schneiden es

Dieses Unter-Panel ermöglicht es Ihnen, von der Leinwand zu Ihrem Profil und Ihren Projekten zu navigieren, und es sendet auch Ihre abgeschlossenen Projekte zum Ausschneiden.

Wenn Sie auf die Schaltfläche "**Menü umschalten**" klicken, öffnet sich ein weiteres ganzes Menü. Dieses Menü ist ein praktisches

Menü. Aber es ist nicht Teil der Leinwand, und deshalb werde ich nicht auf viele Details eingehen.

Im Grunde genommen können Sie von hier aus zu Ihrem Profil gehen und Ihr Foto ändern.

Es gibt andere nützliche und technische Dinge, die Sie von diesem Menü aus tun können, wie z.B. das Kalibrieren Ihrer Maschine, Messer; auch die Aktualisierung der Firmware - Software - Ihres Gerätes.

Sie können Ihre Abonnements auch über Cricut Access verwalten, Ihre Kontodaten und vieles mehr.

**Hinweis:** Über die Option "Einstellungen" können Sie die Sichtbarkeit und die Abmessungen der Leinwand ändern; dies wird am Ende besser erklärt

## Name des Projekts

Alle Projekte beginnen mit einem *Untitled "title". Sie können ein Projekt erst dann aus dem Leinwandbereich benennen, wenn Sie mindestens ein Element (Bild, Form usw.) platziert haben.

## Meine Projekte

Wenn Sie auf "Meine Projekte" klicken, werden Sie zu Ihrer Bibliothek mit Dingen, die Sie bereits erstellt haben, weitergeleitet; das ist großartig, denn manchmal möchten Sie vielleicht ein bereits erstelltes Projekt neu ausschneiden. Es ist also nicht nötig, dass Sie dasselbe Projekt immer und immer wieder neu erstellen.

## Speichern

Diese Option wird aktiviert, nachdem Sie ein Element auf Ihrer Leinwandfläche platziert haben. Ich empfehle Ihnen, Ihr Projekt unterwegs zu speichern. Obwohl die Software auf der Wolke ist, wenn Ihr Browser abstürzt, ist Ihre harte Arbeit damit getan!

## Ersteller - Erforschen

Je nach Art Ihrer Maschine müssen Sie entweder die Cricut Joy, Maker oder die Cricut Explore Maschine auswählen; dies ist sehr wichtig, da Sie auf dem Cricut Maker Optionen finden, die nur für diese bestimmte Maschine verfügbar sind.

Wenn Sie also einen Maker haben und mit der Option Explore ON entwerfen, können Sie die Werkzeuge, die für den Maker bestimmt sind, nicht aktivieren.

## Machen Sie es

Wenn Sie mit dem Hochladen Ihrer Dateien fertig und bereit zum Schneiden sind, klicken Sie auf Make it! Ihre Projekte werden durch Matten nach den Farben Ihres Projekts unterteilt.

Von diesem Fenster aus können Sie auch die Anzahl der zu schneidenden Projekte erhöhen; dies ist großartig, wenn Sie vorhaben, mehr als einen Schnitt zu erstellen.

# Unter-Panel 2- Bearbeitungsmenü

Es ist äußerst nützlich und hilft Ihnen, Schriften und Bilder im Leinwandbereich zu bearbeiten, anzuordnen und zu organisieren.

## Rückgängig machen & Wiederholen

Manchmal machen wir bei der Arbeit Fehler. Diese kleinen Knöpfe sind eine gute Möglichkeit, sie zu korrigieren.

Klicken Sie auf Rückgängig, wenn Sie etwas erstellen, das Ihnen nicht gefällt, oder wenn Sie einen Fehler machen. Klicken Sie auf

Wiederherstellen, wenn Sie versehentlich etwas löschen, das Sie nicht löschen oder ändern wollten.

## Linientyp und Füllung

Diese Option teilt Ihrer Maschine mit, welche Werkzeuge und Klingen Sie verwenden werden.

Denken Sie daran, dass Sie je nach der Maschine, die Sie oben im Fenster ausgewählt haben (Maker, Explorer oder joy), unterschiedliche Optionen haben.

## Linientyp

Diese Option teilt Ihrer Maschine mit, wann Sie Ihr Projekt schneiden und welches Werkzeug Sie verwenden werden. Im Moment gibt es acht Optionen (Schneiden, Zeichnen, Rillen, Gravieren, Deboss, Welle, Perf und Folie).

Wenn Sie einen Cricut Maker haben, stehen Ihnen alle Optionen zur Verfügung; wenn Sie einen Explore haben, können Sie schneiden, zeichnen, punkten und folieren; zuletzt, wenn Sie einen Cricut Joy haben, stehen Ihnen nur Schneiden und Zeichnen zur Verfügung.

Hier finden Sie eine ausführlichere Erklärung der einzelnen Instrumente.

## Ausschneiden

Es sei denn, Sie haben ein JPEG- oder PNG-Bild auf die Leinwand hochgeladen; "Ausschneiden" ist der Standard-Linientyp, den alle Ihre Elemente auf Ihrer Leinwand haben werden; das bedeutet, dass Ihr Gerät diese Designs ausschneidet, wenn Sie auf MAKE IT drücken.

Wenn Sie die Option "Ausschneiden" ausgewählt haben, können Sie die Füllung Ihrer Elemente ändern. Am Ende des Tages übersetzt sich dies in die verschiedenen Farben der Materialien, die Sie beim Ausschneiden Ihrer Projekte verwenden werden.

## Zeichnen

Wenn Sie auf Ihre Entwürfe schreiben möchten, können Sie das mit Ihrem Cricut tun!

Wenn Sie diesen Linientyp zuweisen, werden Sie aufgefordert, einen der Cricut Stifte auszuwählen, die Sie besitzen (Sie benötigen bestimmte Stifte, es sei denn, Sie haben einen Adapter eines Drittanbieters). Wenn Sie ein bestimmtes Design auswählen, werden die Ebenen auf Ihrer Leinwandfläche mit der Farbe des von Ihnen gewählten Stiftes umrandet.

Wenn Sie mit diesem Werkzeug auf "Make it" klicken, wird Ihr Cricut schreiben oder zeichnen, anstatt zu schneiden. Hinweis: Diese Option färbt Ihre Designs NICHT ein.

## Partitur

Score ist eine wirkungsvollere Version der Scoring-Linie, die sich auf der linken Tafel befindet. Wenn Sie dieses Attribut einer Ebene zuweisen, werden alle Entwürfe bewertet oder gestrichelt dargestellt.

Dieses Mal, wenn Sie auf Make it klicken. Ihr Cricut schneidet nicht, aber er wird Ihre Materialien bewerten.

Für diese Art von Projekten benötigen Sie den Ritzstift oder das Ritzrad. Denken Sie jedoch daran, dass das Rad nur mit dem Cricut Maker funktioniert.

## Gravieren Sie

Ermöglicht Ihnen die Gravur verschiedener Arten von Materialien. Sie können zum Beispiel Monogramme auf Aluminiumblechen oder eloxiertem Aluminium erstellen, um das Silber darunter zum Vorschein zu bringen.

## Präge

Dieser Tipp drückt das Material hinein und erzeugt schöne und detaillierte Designs. Mit der Prägespitze können Sie Ihre Designs auf ein ganz neues Niveau bringen.

Stellen Sie sich vor, Sie prägen eine schöne Geschenkverpackung mit Blumen, Herzen, Sternen usw.!

## Welle

Anstatt auf geraden Linien zu schneiden, wie mit der Dreh- oder Feinstiftklinge, erzeugt dieses Werkzeug Welleneffekte auf Ihren Endschnitten.

Es ist ziemlich kompliziert, gekrümmte Linien im Design Space zu erhalten, daher ist dieses Werkzeug sehr nützlich, wenn Sie diese Art von Effekten mögen.

## Perf

Die Perforationsklinge ist ein Werkzeug, mit dem Sie Ihre Materialien in kleine und gleichmäßige Linien schneiden können, um perfekte und gestochen scharfe Aufreiß-Effekte zu erzeugen, wie Sie sie in Lotterielosen, Coupons, Aufreißkarten usw. sehen.

## Folie (Neu)

Folie ist das neueste Cricut Werkzeug, mit dem Sie Ihre Projekte mit dem Cricut Folientransfer-Kit mit schönen Folienveredelungen versehen können.

Wenn Sie diesen Linientyp verwenden, haben Sie die Möglichkeit, zwischen feiner, mittlerer und fetter Ausführung zu wählen.

## Füllen

Die Fülloption ist hauptsächlich für Drucke und Muster zu verwenden.

Sie wird nur aktiviert, wenn Sie Cut als "Linientyp" haben. **No Fill** bedeutet, dass Sie nichts drucken werden.

**Drucken** ist bei weitem eine der besten Funktionen, die Cricut bietet, weil man damit seine Designs drucken und dann ausschneiden kann; das ist fabelhaft, und ehrlich gesagt ist es das, was mich überhaupt erst dazu motiviert hat, einen Cricut zu kaufen.

Wenn diese Ausfülloption aktiv ist, nachdem Sie auf Make it; geklickt haben, senden Sie Ihre Dateien zunächst an Ihren Drucker zu Hause und lassen dann Ihren Cricut alle schweren Arbeiten erledigen. (Ausschneiden)

Sagen wir, es ist Valentinstag. Sie können eine schöne Karte mit einem bereits erstellten Muster von Cricut Access (Mitgliedschaft, nicht kostenlos) oder Ihre eigene Karte erstellen. Dann drucken und schneiden Sie gleichzeitig.

**Füllen zum Drucken und dann Ausschneiden funktioniert NUR mit dem Cricut Maker und allen Maschinen der Explore Familie** (nicht kompatibel mit Cricut Joy).

## Alle auswählen

Wenn Sie alle Ihre Elemente innerhalb des Leinwandbereichs verschieben müssen, kann es schwierig sein, sie einzeln auszuwählen.

Klicken Sie auf Alles auswählen, um alle Elemente auf der Leinwand auszuwählen.

## Bearbeiten

Mit diesem Symbol können Sie Elemente aus der Leinwand ausschneiden (von der Leinwand entfernen), kopieren (dasselbe Element kopieren, Original intakt lassen) und einfügen (kopierte oder ausgeschnittene Elemente im Leinwandbereich einfügen).

Das Bearbeiten-Symbol hat ein Dropdown-Menü.

Die Option "Ausschneiden und Kopieren" wird aktiviert, wenn Sie eine Auswahl eines oder mehrerer Elemente aus dem Leinwandbereich haben. Die Option Einfügen wird aktiviert, sobald Sie etwas kopieren oder ausschneiden.

## Ausrichten

Wenn Sie Erfahrungen mit anderen Grafikdesignprogrammen haben, wissen Sie wahrscheinlich, wie Sie dieses Menü verwenden können.

Wenn Sie mit den Ausrichtungswerkzeugen nicht vertraut sind, lassen Sie mich Ihnen etwas sagen; das Ausrichtungsmenü ist etwas, das Sie bis zur Perfektion beherrschen wollen.

**Ausrichten:** Mit dieser Funktion können Sie alle Ihre Entwürfe ausrichten, und sie wird aktiviert, wenn Sie zwei oder mehr Elemente auswählen.

- **- Links ausrichten:** Wenn Sie diese Einstellung verwenden, werden alle Elemente links ausgerichtet. Das am weitesten links liegende Element bestimmt, wohin sich alle anderen Elemente bewegen.

- **- Horizontal zentrieren:** Diese Option richtet Ihre Elemente horizontal aus; dadurch werden Text und Bilder vollständig zentriert.

- **- Rechts ausrichten:** Wenn Sie diese Einstellung verwenden, werden alle Ihre Elemente nach rechts ausgerichtet. Das am weitesten rechts befindliche Element bestimmt, wohin sich alle anderen Elemente bewegen.

- **- Oben ausrichten:** Diese Option richtet alle von Ihnen ausgewählten Designs nach oben aus. Das Element, das am weitesten oben liegt, bestimmt, wohin alle anderen Elemente verschoben werden.

- **- Vertikal zentrieren:** Mit dieser Option werden Ihre Elemente vertikal ausgerichtet. Das ist praktisch, wenn Sie mit Spalten arbeiten und diese organisiert und ausgerichtet haben möchten.

- **- Unten ausrichten:** Mit dieser Option werden alle Ihre ausgewählten Designs nach unten ausgerichtet. Das Element, das am weitesten unten liegt, bestimmt, wohin alle anderen Elemente verschoben werden.

- **- Zentrum:** Diese Option ist eine sehr coole Option. Wenn Sie auf "Zentrieren" klicken, zentrieren Sie sowohl vertikal als auch horizontal ein Muster gegen ein anderes; dies ist besonders nützlich, wenn Sie Text mit einer Form wie einem Quadrat oder einem Stern zentrieren möchten.

**Verteilen:** Wenn Sie den gleichen Abstand zwischen den Elementen haben wollen, ist es sehr zeitaufwendig, alles alleine zu machen, und es ist nicht 100% richtig. Die Schaltfläche Verteilen wird Ihnen dabei helfen. Damit er aktiviert wird, müssen Sie mindestens drei Elemente ausgewählt haben.

- **- Horizontal verteilen:** Mit dieser Schaltfläche werden die Elemente horizontal verteilt. Die am weitesten entfernten linken und rechten Entwürfe bestimmen die Länge der Verteilung; das bedeutet, dass die Elemente, die sich in der Mitte befinden, auf die am weitesten entfernten linken und rechten Entwürfe verteilt werden.

- **- Vertikal verteilen:** Mit dieser Schaltfläche werden die Elemente vertikal verteilt. Die am weitesten entfernten oberen und unteren Entwürfe bestimmen die Länge der Verteilung; das bedeutet, dass die Elemente, die sich in der Mitte befinden, auf die am weitesten entfernten oberen und unteren Entwürfe verteilt werden.

## Ordnen

Wenn Sie mit mehreren Bildern, Texten und Designs arbeiten, stehen die neuen Kreationen, die Sie der Leinwand hinzufügen, immer vor allen anderen. Einige Elemente Ihres Designs müssen sich jedoch im Hintergrund oder im Vordergrund befinden.

Mit der Option Anordnen können Sie die Elemente sehr einfach organisieren.

Das Großartige an dieser Funktion ist, dass das Programm weiß, welches Element sich auf der Vorder- oder Rückseite befindet, und wenn Sie es auswählen, aktiviert der Designbereich die verfügbaren Optionen für dieses bestimmte Element.

**Dies sind die Optionen, die Sie erhalten:**

* **- Zurückschicken:** Dadurch wird das ausgewählte Element ganz nach hinten verschoben.

* **- Rückwärts bewegen:** Diese Option verschiebt das ausgewählte Element nur einen Schritt zurück. Also, wenn Sie einen Entwurf mit drei Elementen haben. Es wird wie der Käse in einem Käsesandwich sein.

* **- Vorwärts bewegen:** Diese Option bringt das Element nur einen Schritt vorwärts. Normalerweise werden Sie diese Option verwenden, wenn Sie vier oder mehr Elemente organisieren müssen.

* **- An die Front geschickt:** Mit dieser Option wird das ausgewählte Element ganz nach vorne verschoben.

## Flip

Wenn Sie eines Ihrer Designs im Cricut Design Space reflektieren müssen, ist dies eine großartige Möglichkeit, dies zu tun.

**Es gibt 2 Optionen:**

* **- Horizontal spiegeln:** Dadurch wird Ihr Bild oder Design horizontal gespiegelt. Das ist praktisch, wenn Sie versuchen, Designs links und rechts zu erstellen. Beispiel: Sie bauen einige Flügel und haben bereits die linke Seite; mit Flip können Sie

den linken Flügel kopieren und einfügen, und voila! Jetzt haben Sie beide (linke und rechte) Flügel!

- - **Vertikal spiegeln:** Dadurch werden Ihre Designs vertikal gespiegelt. So, als ob Sie Ihr Spiegelbild auf dem Wasser sehen würden. Wenn Sie einen Schatteneffekt erzeugen möchten, wäre diese Option großartig für Sie.

## Größe

Alles, was Sie in Cricut Design Space erstellen oder eingeben, hat eine Größe. Sie kÃ¶nnen die GrÃ¶ÃŸe des Elements selbst verÃ? ndern (wenn Sie darauf klicken). Wenn Sie jedoch für ein Element ein genaues Maß benötigen, können Sie dies mit dieser Option tun.

Etwas Wesentliches ist das kleine Schloss. Wenn Sie die Größe eines Bildes vergrößern oder verkleinern, sind die Proportionen immer gesperrt. Wenn Sie auf das kleine Schloss klicken, teilen Sie dem Programm mit, dass Sie nicht die gleichen Abmessungen beibehalten wollen.

## Rotieren

Genau wie die Größe ist das Drehen eines Elements etwas, das Sie sehr schnell vom Leinwandbereich aus tun können. Einige Designs müssen jedoch um einen bestimmten Winkel gedreht werden. Wenn das bei Ihnen der Fall ist, empfehle ich Ihnen, diese Funktion zu verwenden. Andernfalls werden Sie so viel Zeit damit verbringen, dafür zu kämpfen, dass ein Element so abgewinkelt wird, wie Sie es haben möchten.

## Standpunkt

Dieses Feld zeigt Ihnen, wo sich Ihre Objekte auf der Leinwandfläche befinden, wenn Sie auf ein bestimmtes Design klicken.

Sie können Ihre Elemente verschieben, indem Sie angeben, wo
das Element auf den Leinwandbereichen platziert werden soll. Das
ist praktisch, aber es ist ein fortgeschritteneres Werkzeug.

## Schriftart

Wenn Sie auf dieses Panel klicken, können Sie jede Schriftart
auswählen, die Sie für Ihre Projekte verwenden möchten. Sie können
sie filtern und im oberen Teil des Fensters danach suchen.

Wenn Sie über Cricut Access verfügen, können Sie jede der
Schriftarten verwenden, die ein kleines grünes A am Anfang des
Schrifttitels haben.

Wenn Sie jedoch keinen Zugang zu Cricut haben, stellen Sie sicher, dass Sie die Schriftarten Ihres Systems verwenden; andernfalls
werden Ihnen die Kosten in Rechnung gestellt, wenn Sie Ihr Projekt
zum Schneiden schicken.

## Stil

Sobald Sie Ihre Schriftart ausgewählt haben, haben Sie die Möglichkeit, ihre Form zu ändern.

**Einige der Optionen, die Sie haben:**

- - **Regelmäßig:** Dies ist die Standardeinstellung, die das Aus-
  sehen Ihrer Schriftart nicht verändert.
- - **Fett:** Die Schrift wird dadurch dicker.
- - **Kursiv:** Die Schrift wird nach rechts gekippt.
- - **Fett kursiv:** Die Schrift wird dadurch dicker und neigt sich
  nach rechts.

**Schriftart, Größe, Buchstaben- und Zeilenabstand**

**Schriftgröße:** Sie können sie von hier aus manuell ändern. Normalerweise stelle ich die Größe meiner Schriften einfach vom Leinwandbereich aus ein.

**Buchstabenraum:** Einige Schriftarten haben einen beträchtlichen Abstand zwischen den einzelnen Buchstaben. Mit dieser Option können Sie den Abstand zwischen den Buchstaben sehr schnell verringern. Das ist eine ernstzunehmende Neuerung.

**Zeilenabstand:** Mit dieser Option wird der Abstand zwischen den Zeilen in einem Absatz angegangen; dies ist sehr nützlich, da ich manchmal gezwungen bin, eine einzige Textzeile zu erstellen, weil ich mit dem Zeilenabstand nicht zufrieden bin.

## Ausrichtung

Diese Ausrichtung unterscheidet sich von der anderen "Ausrichtung", die ich oben erläutert habe. Diese Option ist für Absätze.

**Dies sind die Optionen, die Ihnen zur Verfügung stehen:**

- **- Links:** Einen Absatz nach links ausrichten
- **- Zentrum:** Einen Absatz an der Mitte ausrichten
- **- Richtig:** Einen Absatz nach rechts ausrichten.

## Kurve

Diese Option ermöglicht es Ihnen, Ihren Text besonders kreativ zu gestalten!

Mit dieser Funktion können Sie Ihren Text krümmen - am besten lernen Sie ihn durch Spielen mit dem kleinen Schieberegler.

Wenn Sie den Schieberegler nach links bewegen, krümmt er den Text nach oben; und wenn Sie ihn nach rechts bewegen, krümmt er den Text nach innen.

Hinweis: Wenn Sie den Schieberegler ganz nach links oder rechts bewegen, bilden Sie mit Ihren Schriften einen Kreis.

## Vorschuss

Vorrücken ist die letzte Option auf der Bearbeitungsleiste.

Lassen Sie sich durch den Namen dieses Dropdown-Menüs nicht einschüchtern. Wenn Sie erst einmal wissen, wozu alle Optionen dienen, werden Sie sehen, dass sie nicht so schwer zu benutzen sind.

- **- Zu Briefen auflösen:** Diese Option erlaubt es Ihnen, jeden Buchstaben in eine einzelne Ebene zu trennen (ich werde weiter unten mehr über Ebenen erklären); benutzen Sie diese Option, wenn Sie vorhaben, jedes einzelne Zeichen zu ändern.

- **- Gruppierung zu Linien auflösen:** Diese Option ist eine Ausnahme und erlaubt es Ihnen, einen Absatz in einzelne Zeilen zu trennen. Geben Sie Ihren Absatz ein, klicken Sie dann auf Gruppierung in Zeilen aufheben und schon haben Sie eine separate Zeile, die Sie jetzt ändern können.

- **- Gruppierung in Ebenen auflösen:** Dies ist die kniffligste aller Optionen. Diese Option ist nur für Multi-Layer-Fonts verfügbar; diese Art von Fonts sind nur für den Einzelkauf und, oder Cricut Access verfügbar.

Eine mehrschichtige Schriftart ist eine Schriftart, die mehr als eine Ebene hat; diese Schriften sind großartig, wenn Sie etwas Schatten oder Farbe um sie herum haben möchten.

Was ist, wenn Ihnen eine Schriftart gefällt, die mehrschichtig ist und Sie die hinzugefügte Ebene nicht wünschen? Markieren Sie einfach Ihren Text und klicken Sie dann auf Gruppierung zu Ebenen aufheben, um jede einzelne Ebene zu trennen.

## Linke Tafel - Formen, Bilder einfügen & mehr

Mit dem oberen Panel werden Sie alle Ihre Designs bearbeiten.

Aber wo kommen sie alle her? Sie kommen alle aus dem Cricut Design Space Left Panel.

In diesem Panel dreht sich alles um das Einfügen von Formen, Bildern, schnittfertigen Projekten und mehr. Von hier aus fügen Sie all die Dinge hinzu, die Sie ausschneiden werden.

### Dieses Gremium hat sieben Optionen:

- - **Neu:** zum Erstellen und Ersetzen eines neuen Projekts im Leinwandbereich.
- - **Schablonen:** Dies ermöglicht es Ihnen, einen Leitfaden über die Arten von Dingen zu haben, die Sie schneiden werden. Nehmen wir an, Sie wollen auf Vinyl auf einen Strampler bügeln. Wenn Sie die Schablone auswählen, können Sie entwerfen und sehen, wie das Design aussehen würde.
- - **Projekte:** Bereit zum Ausschneiden von Projekten von Cricut Access hinzufügen.

- **- Bilder:** Wählen Sie einzelne Bilder aus Cricut Access und Kassetten aus, um ein Projekt zu erstellen.
- **- Text:** Klicken Sie hier, um Text auf Ihrer Leinwandfläche hinzuzufügen.
- **- Formen:** Fügen Sie alle Arten von Formen auf der Leinwand ein.
- **- Uploads:** Laden Sie Ihre Bilder und ausgeschnittenen Dateien in das Programm hoch.

Es gibt etwas Grundlegendes, das Sie in diesem Gremium bedenken müssen; es sei denn, Sie haben Cricut Access, Cricut Images, bereit, Projekte zu schneiden, und Cricut Schriften kosten Geld. Wenn Sie diese verwenden, müssen Sie bezahlen, bevor Sie Ihr Projekt schneiden.

Nun, da wir eine kleine Vorschau darauf gesehen haben, wofür alles auf diesem Panel war. Lassen Sie uns sehen, was passiert, wenn Sie auf die einzelnen Schaltflächen klicken.

## Neu

Wenn Sie auf NEU klicken, und wenn Sie bereits an einem Projekt arbeiten, erhalten Sie oben im Fenster eine Warnung, in der Sie gefragt werden, ob Sie Ihr Projekt ersetzen möchten oder nicht.

Wenn Sie Ihr Projekt ersetzen möchten, stellen Sie sicher, dass Sie alle Änderungen aus dem aktuellen Projekt speichern; andernfalls verlieren Sie all die harte Arbeit. Nachdem Sie gespeichert haben, öffnet sich eine neue, leere Leinwand, auf der Sie beginnen können.

## Vorlagen

Vorlagen helfen Ihnen, zu visualisieren und zu sehen, wie Ihr Projekt auf eine bestimmte Oberfläche passt. Ich glaube, diese Funktion ist einfach nicht von dieser Welt.

Wenn Sie Modeartikel personalisieren möchten, ist dieses Tool wunderbar, weil Sie Größen und verschiedene Arten von Kleidung auswählen können. Außerdem haben sie auch viele verschiedene Kategorien, aus denen Sie wählen können.

**Hinweis:** Die Vorlagen dienen nur der Visualisierung. Es wird nichts ausgeschnitten, wenn Sie mit dem Entwurf fertig sind und Ihr Projekt zum Ausschneiden einsenden.

## Projekte

Wenn Sie sofort schneiden wollen, dann ist Projekte genau das Richtige für Sie! Sobald Sie Ihr Projekt ausgewählt haben, können Sie es anpassen; oder klicken Sie auf make it, und folgen Sie den Anweisungen zum Schneiden.

**Tipp:** Die meisten Projekte sind für Cricut Access Mitglieder verfügbar, oder Sie können sie nach Belieben erwerben. Es gibt jedoch eine Handvoll Projekte, die Sie kostenlos schneiden können, je nachdem, welches Gerät Sie besitzen. Scrollen Sie einfach zum unteren Ende des Dropdown-Menüs der Kategorien und wählen Sie das Gerät aus, das Sie besitzen.

## Bilder

Bilder sind perfekt, wenn Sie Ihre eigenen Projekte zusammenstellen; mit ihnen können Sie Ihrem Handwerk eine zusätzliche Note und Persönlichkeit verleihen.

Sie können nach Schlüsselwörtern, hervorgehobenen Kategorien, Themen, Personen, Orten, Anlässen suchen

Cartridges sind eine Reihe von Bildern, die Sie separat erwerben müssen; einige von ihnen werden mit Cricut Access geliefert, andere nicht. (Marken wie Disney, Sesamstraße, Hello Kitty, etc. sind nicht Teil von Cricut Access)

Unter "Hervorgehobene Kategorien" hat Cricut jede Woche KOSTENLOSE Bilder zum Ausschneiden.

Jedes Mal, wenn Sie unter einer Kategorie klicken, erscheint ein leistungsfähigerer Filter. Mit diesem Filter können Sie Ihre Suche noch weiter eingrenzen.

## Text

Wann immer Sie im Leinwandbereich tippen möchten, müssen Sie auf Text klicken; dann öffnet sich auf der Leinwand ein kleines Fenster mit der Aufschrift "Hier Text hinzufügen".

## Formen

Formen verwenden zu können, das ist unerlässlich! Mit ihnen können Sie einfache und weniger komplizierte, aber (auch) schöne Projekte erstellen.

Es gibt neun Formen, aus denen Sie wählen können:

- - Quadratisch
- - Dreieck
- - Pentagon
- - Sechseck
- - Stern
- - Achteck

- - Herz

Die letzte Option ist keine Form, sondern ein erstaunliches und mächtiges Werkzeug namens Score Line. Mit dieser Option können Sie Falten erzeugen und Ihre Materialien bewerten.

Wenn Sie Schachteln herstellen möchten oder alles über Kartenherstellung lieben, wird die Score Line Ihr bester Freund sein!

### Hochladen

Mit dieser Option können Sie Ihre Dateien und Bilder hochladen. Das Internet ist voll davon; es gibt Tonnen von Bloggern, die kostenlos Projekte erstellen.

# Rechte Leiste - Erfahren Sie alles über die Ebenen

Ebenen repräsentieren jedes einzelne Element oder Design, das sich auf der Leinwandfläche befindet.

Stellen Sie es sich wie Kleidung vor; wenn Sie sich anziehen, haben Sie mehrere Schichten, die Ihr Outfit ausmachen; und je nach Tag oder Jahreszeit kann Ihr Outfit einfach oder komplex sein.

Für einen kalten Tag wären Ihre Schichten also Unterwäsche, Hose, Hemd, Jacke, Socken, Stiefel, Handschuhe usw.; und für einen Tag am Pool hätten Sie nur eine Schicht, einen Badeanzug!

Dasselbe geschieht bei einem Entwurf; je nach Komplexität des Projekts, an dem Sie arbeiten, haben Sie verschiedene Arten von Schichten, aus denen Ihr gesamtes Projekt besteht.

Nehmen wir zum Beispiel an, Sie würden eine Weihnachtskarte entwerfen.

Was würde diese Karte beinhalten?

Vielleicht ein Text mit der Aufschrift "Frohe Weihnachten", ein Baum, die Karte selbst, vielleicht auch ein Umschlag?

Der Punkt ist, dass alle kleinen Entwürfe und Elemente, die zu diesem Projekt gehören, Schichten sind.

Einige Ebenen können modifiziert werden; andere Ebenen, wie JPEG- und PNG-Bilder, können es jedoch nicht; dies liegt an der Art der Datei oder der Ebene selbst.

Beispielsweise kann eine Textebene in andere Arten von Ebenen konvertiert werden; aber wenn Sie das tun, verlieren Sie die Möglichkeit, diesen Text zu bearbeiten.

Im weiteren Verlauf werden Sie mehr darüber erfahren, was man mit Schichten machen kann und was nicht.

Lassen Sie uns nun erfahren, wofür jedes einzelne Symbol auf diesem rechten Panel steht.

## Gruppieren, Gruppierung aufheben, duplizieren und löschen

Diese Einstellungen machen Ihnen das Leben leicht, wenn Sie Dinge im Leinwandbereich bewegen, also spielen Sie unbedingt damit herum.

**Gruppe:** Klicken Sie hier, um Ebenen zu gruppieren. Diese Einstellung ist praktisch, wenn Sie verschiedene Ebenen haben, aus denen ein komplexer Entwurf besteht.

Nehmen wir an, Sie arbeiten an einem Elefanten. Höchstwahrscheinlich (und wenn es sich dabei um eine SVG- oder Schnittdatei handelt) wird der Elefant aus verschiedenen Schichten zusammengesetzt sein (Körper, Augen, Beine, Rüssel usw.). Wenn Sie zusätzliche Formen und Text einfügen möchten, werden Sie Ihren Elefanten höchstwahrscheinlich viel über die Leinwandfläche bewegen.

Wenn Sie also alle Elefantenschichten gruppieren, können Sie sicherstellen, dass alles organisiert bleibt und nichts durcheinander gerät, wenn Sie sie auf der Leinwand bewegen.

**Gruppierung auflösen:** Diese Option hebt die Gruppierung aller gruppierten Ebenen auf, die Sie im Leinwandbereich oder in der Ebenentafel ausgewählt haben. Verwenden Sie diese Option, wenn Sie ein bestimmtes Element oder eine bestimmte Ebene aus der Gruppe bearbeiten müssen (Größe, Schriftart usw.).

**Duplikat:** Mit dieser Option duplizieren Sie alle Ebenen oder Designs, die Sie auf der Ebenentafel oder der Leinwand ausgewählt haben.

**Löschen:** Diese Option löscht alle Elemente, die Sie auf der Leinwand oder im Ebenen-Panel ausgewählt haben.

## Linientyp/ Füllen

Jedes Element in der Ebenentafel zeigt an, welchen Linientyp oder welche Füllung Sie verwenden (Ausschneiden, Schreiben, Partitur, Perf, Wellig, Drucken usw.).

## Layer-Sichtbarkeit

Das kleine Auge, das auf jeder Ebene des Ebenen-Panels erscheint, repräsentiert die Sichtbarkeit eines Musters. Wenn Sie nicht sicher sind, ob ein Element gut aussieht, klicken Sie auf das kleine Auge, anstatt es zu löschen, um das Design auszublenden. Hinweis:

Wenn Sie ein Element ausblenden, wird das Auge mit einem Kreuz markiert.

**Tipp:** Indem Sie auf eine Ebene klicken und sie ziehen, können Sie ein bestimmtes Muster nach oben oder unten verschieben; man könnte sagen, dass dies wie die Option Anordnen funktioniert (nach vorne, nach hinten usw.).

## Leere Leinwand

Diese "Ebene" ermöglicht es Ihnen, die Farbe Ihrer Leinwand zu ändern; wenn Sie versuchen zu sehen, wie ein bestimmtes Design mit einer anderen Farbe aussieht. Die Kraft dieser Einstellung wird freigesetzt, wenn Sie sie zusammen mit dem Werkzeug "Vorlagen" verwenden, da Sie die Farbe und die Optionen der Vorlage selbst ändern können.

## Schneiden, Schweißen, Anbringen, Abflachen und Kontur

**Diese Werkzeuge, die Sie hier sehen, sind unglaublich wichtig! Stellen Sie also sicher, dass Sie sie perfekt beherrschen.**

### Schneiden

Das Slice-Werkzeug eignet sich perfekt zum Ausschneiden von Formen, Text und anderen Elementen aus verschiedenen Designs.

### Schweißen

Mit dem Schweißwerkzeug können Sie zwei oder mehrere Formen in einer kombinieren.

### beifügen

Arbeiten wie Gruppierungsebenen anhängen, aber es ist leistungsfähiger.

### Verflachen

Dieses Werkzeug ist eine zusätzliche Unterstützung für die Einstellung Drucken und dann Füllung ausschneiden; wenn Sie die Füllung von "keine Füllung" in "Drucken" ändern, gilt dies nur für eine Ebene. Was aber, wenn Sie dies für mehrere Formen gleichzeitig tun möchten?

Wenn Sie mit Ihrem Entwurf fertig sind, wählen Sie die Ebenen aus, die Sie zusammen als Ganzes drucken möchten, und klicken Sie dann auf Verflachen.

Wenn Sie mit Ihrem Entwurf fertig sind (Sie können dies nicht rückgängig machen, nachdem Sie Ihr Projekt verlassen haben), wählen Sie die Ebenen aus, die Sie als Ganzes zusammen drucken möchten, und klicken Sie dann auf Verflachen.

### Kontur

Mit dem Kontur-Werkzeug können Sie unerwünschte Teile eines Designs ausblenden, und es wird nur aktiviert, wenn eine Form oder ein Design Elemente enthält, die ausgelassen werden können.

### Farb-Synchronisierung

Color Sync ist die letzte Option des Ebenen-Panels.

Jede Farbe auf Ihrer Leinwandfläche repräsentiert eine andere Materialfarbe. Wenn Ihr Design mehrere Gelb- oder Blautöne aufweist, sind Sie sicher, dass Sie diese benötigen?

Wenn Sie nur einen Gelbton benötigen, klicken und ziehen Sie einfach den Ton, den Sie loswerden möchten, und lassen Sie ihn auf den Ton fallen, den Sie behalten möchten.

# Leinwand-Bereich

Der Leinwandbereich ist der Bereich, in dem Sie alle Ihre Designs und Elemente sehen. Er ist sehr intuitiv und mühelos zu bedienen!

## Leinwandraster und Messungen

Die Leinwandfläche ist durch ein Gitter unterteilt; das ist großartig, denn jedes kleine Quadrat, das Sie auf dem Gitter sehen, hilft Ihnen bei der Visualisierung der Schneidematte. Letztendlich hilft Ihnen dies, Ihren Raum zu maximieren.

Sie können die Maße von Zoll in cm ändern und das Raster ein- und ausschalten, wenn Sie auf den oberen Panelumschalter klicken und dann Einstellungen wählen. Es öffnet sich ein Fenster mit allen Optionen.

## Auswahl

Jedes Mal, wenn Sie eine oder mehrere Ebenen auswählen, ist die Auswahl blau, und Sie können sie von allen vier Ecken aus ändern.

Das "rote x" steht für das Löschen der Ebenen. Die rechte obere Ecke erlaubt es Ihnen, das Bild zu drehen (obwohl ich Ihnen empfehle, das Drehwerkzeug im Bearbeitungsmenü zu benutzen, wenn Sie einen bestimmten Winkel benötigen).

Die untere rechte Taste der Auswahl, "das kleine Schloss", hält die Größe proportional, wenn Sie die Größe Ihrer Ebene vergrößern oder verkleinern. Wenn Sie darauf klicken, können Sie nun verschiedene Proportionen haben.

## Vergrößern und Verkleinern

Und nicht zuletzt. Wenn Sie in einem größeren oder kleineren Maßstab sehen möchten (ohne die tatsächliche Größe Ihrer Entwürfe zu verändern), können Sie dies tun, indem Sie die "+ und -"-Zeichen in der linken unteren Ecke der Leinwand drücken.

# Materialien

## Cricut Explorer

D as Cricut Explorer Gerät kann so ziemlich alles schneiden, solange es 2,0 mm dick oder dünner ist. Und wenn Sie einen Cricut Maker haben, hat diese Maschine die 10-fache Schneidkraft und kann Materialien bis zu 2,4 mm Dicke schneiden!

### Karton und Papier

Der Cricut ist großartig im Schneiden von Papier und Karton, aber er schneidet nicht nur Scrapbook-Papier! Sehen Sie sich die verschiedenen Papiersorten an, die ein Cricut Gerät schneiden kann:

- Selbstklebender Karton
- Kartenmaterial
- Getreide-Box
- Konstruktionspapier
- Kopierpapier
- Flacher Karton
- Beflockter Karton
- Beflocktes Papier
- Foliengeprägtes Papier
- Folienposter-Tafel
- Gefrierfach-Papier

- Glitzer-Karton
- Glitzerpapier
- Kraft-Vorstand
- Kraftpapier
- Metallischer Karton
- Metallisches Papier
- Metallische Plakattafel
- Notizbuch-Papier
- Lebensmitteltaschen aus Papier
- Pergamentpapier
- Pappe
- Perlen-Karton
- Perlmuttpapier
- Fotografien
- Foto-Rahmungsmatte
- Post Its
- Poster-Tafel
- Reispapier
- Scrapbook-Papier
- Schimmerndes Papier
- Vollkernkarton
- Aquarell-Papier
- Wachspapier
- Weißes Kernkartenmaterial

## Vinyl

Ein weiteres großartiges Material, das die Cricut Maschine schneiden kann, ist Vinyl. Vinyl eignet sich hervorragend zur Herstellung von Schildern, Abziehbildern, Schablonen, Grafiken usw.

- Klebstoff Vinyl
- Kreidetafel-Vinyl
- Trockenes Löschen von Vinyl
- Glitzer-Vinyl
- Glänzendes Vinyl
- Holografisches Vinyl
- Mattes Vinyl
- Metallisches Vinyl
- Vinyl für den Außenbereich
- Bedruckbares Vinyl
- Schablonen-Vinyl

## Aufbügeln

Aufbügel-Vinyl, auch als Wärmeübertragungs-Vinyl bekannt. Sie können Bügeleisen auf Vinyl zum Verzieren von T-Shirts, Tragetaschen oder anderen Stoffartikeln verwenden.

- Beflocktes Eisen an Aufbügel-Vinyl
- Folien-Aufbügel-Vinyl
- Glitzer-Aufbügel-Vinyl
- Glänzendes Aufbügel-Vinyl
- Holografisches Glitzer-Aufbügel-Vinyl
- Mattiertes Aufbügel-Vinyl
- Metallisches Aufbügel-Vinyl
- Neon-Aufbügel-Vinyl

- Bedruckbares Aufbügel-Vinyl

## Stoffe und Textilien

Der Cricut leistet eine großartige Arbeit beim Schneiden von Stoffen, aber Sie sollten vor dem Schneiden unbedingt einen Stabilisator wie Wonder Under oder Heat'n Bond hinzufügen. Diese Stoffe und Textilien können mit einer Cricut Explore Maschine geschnitten werden, aber es gibt noch mehr, die Sie mit dem rotierenden Messer einer Cricut Maker Maschine schneiden können

- Sackleinen
- Leinwand
- Baumwollgewebe
- Denim
- Ententuch
- Kunstleder
- Wildlederimitat
- Filz
- Flanell
- Leder
- Leinen
- Metallisches Leder
- Öl-Tuch
- Polyester
- Bedruckbarer Stoff
- Seide
- Wollfilz

## Andere Materialien

Neben Stoff, Papier und Vinyl gibt es noch Tonnen anderer Spe-
zialmaterialien, die ein Cricut schneiden kann. Hier sind ein Haufen
lustiger Ideen!

- Selbstklebende Folie
- Klebstoff Holz
- Aluminium-Bleche
- Aluminium-Folie
- Balsaholz
- Birkenholz
- Cork-Tafel
- Wellpappe
- Handwerklicher Schaumstoff
- Kanal-Band
- Prägbare Folie
- Folien-Acetat
- Glitzerschaum
- Magnet-Blätter
- Metallisches Pergament
- Chips bemalen
- Plastikverpackungen
- Bedruckbare Magnetblätter
- Bedruckbares Aufkleberpapier
- Plastik schrumpfen
- Soda-Dose
- Schablonen-Material
- Seidenpapier
- Temporäres Tätowierpapier

- Durchsichtiger Film
- Pergament
- Washi-Blätter
- Washi-Band
- Fenster-Klammer
- Holzfurnier
- Geschenkpapier

# Cricut Maker

Wenn Sie den Macher haben, können Sie noch mehr Dinge streichen! Der Cricut Maker verfügt über die 10-fache Schneidkraft der Explore Maschinen, außerdem hat er eine rotierende Klinge und eine Messerklinge, die es ihm ermöglichen, noch mehr Materialien zu schneiden. Der Cricut Maker kann Materialien bis zu einer Dicke von 2,4 mm sowie über 125+ Stoffarten schneiden, darunter

- Chiffon
- Kaschmir
- Vlies
- Jersey
- Jute
- Strickt
- Moleskin
- Musselin
- Seersucker
- Frottee-Stoff
- Tüll

- Tweed
- Samt

# Das Ende?

Jetzt haben Sie alles, was Sie brauchen, um all die großartigen Designs zu entwerfen, die Sie sich vorstellen können.

Bewaffnet mit Maschinen, Klinge, Matten, Applikation, Materialien und viel Fantasie.

Erstellen Sie alles, was Sie wollen, dank dieses Leitfadens

Lightning Source UK Ltd.
Milton Keynes UK
UKHW010653021220
374498UK00001B/186